MI GRAN FONÉTICA

Aprende coloreando

Este libro pertenece a:

_____

Por: Edgar I. García Camacho

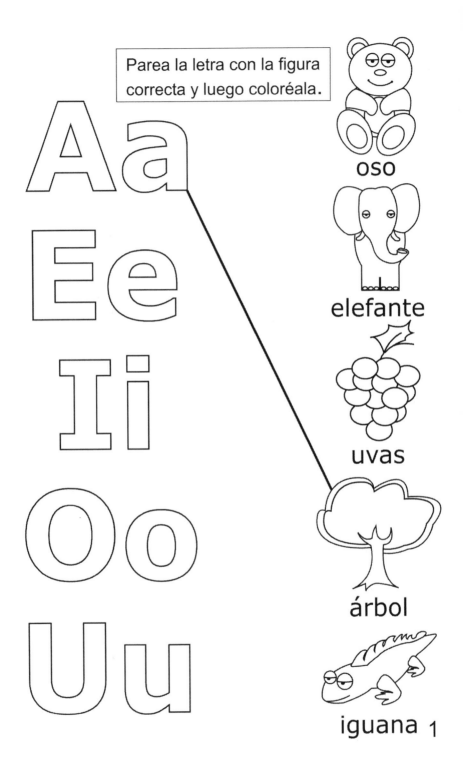

Parea la letra con la figura correcta y luego coloréala.

Aa

Ee

Ii

Oo

Uu

oso

elefante

uvas

árbol

iguana 1

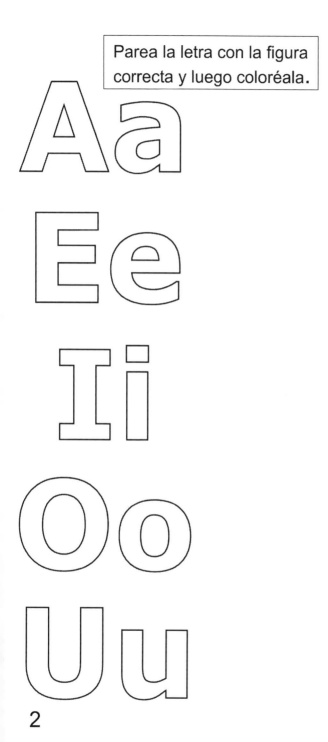

Parea la letra con la figura correcta y luego coloréala.

A a

E e

I i

O o

U u

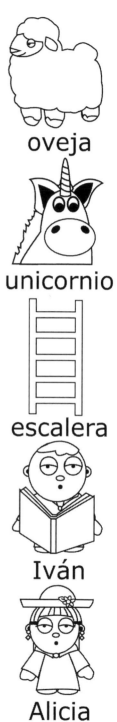

oveja

unicornio

escalera

Iván

Alicia

2

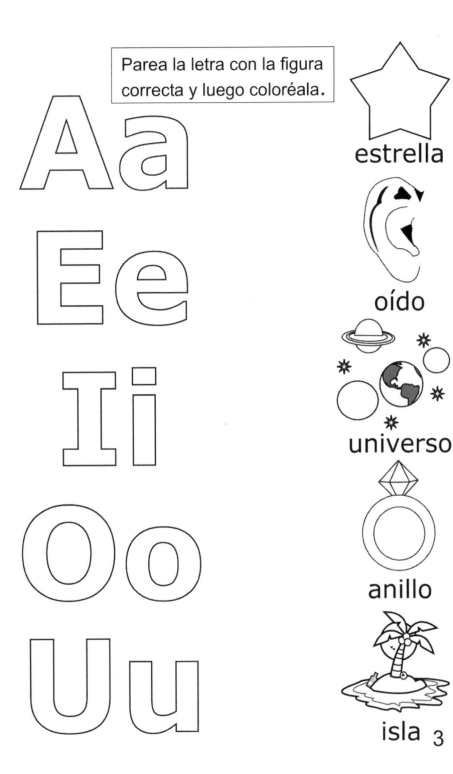

Parea la letra con la figura correcta y luego coloréala.

Aa

Ee

Ii

Oo

Uu

estrella

oído

universo

anillo

isla 3

Parea la letra con la figura correcta y luego coloréala.

A a

E e

I i

O o

U u

escuela

ojo

urraca

indio

avión

4

Marca con una X la vocal con la que empieza cada palabra del dibujo.

abanico

a e i o u
X _ _ _ _

elefante

a e i o u
_ _ _ _ _

insecto

a e i o u
_ _ _ _ _

oro

a e i o u
_ _ _ _ _

uniforme

a e i o u
_ _ _ _ _

5

imán — aeiou

escoba — aeiou

aguja — aeiou

ungüento — aeiou

ocho — aeiou

6

Marca con una X la vocal con la que empieza cada palabra del dibujo.

espejo — a e i o u

iglú — a e i o u

olla — a e i o u

águila — a e i o u

uno — a e i o u

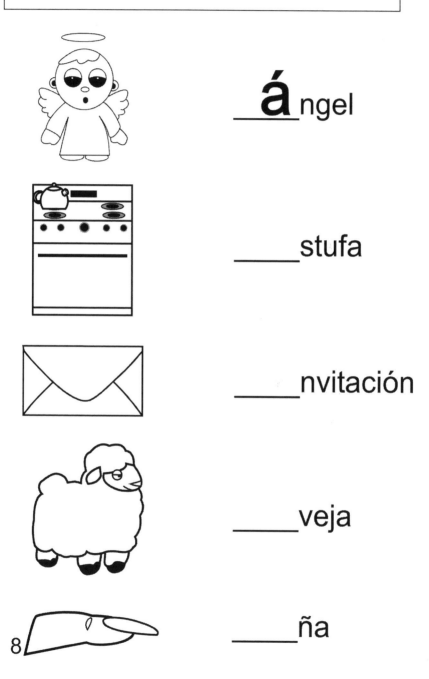

ángel

____stufa

____nvitación

____veja

____ña

8

Escribe en el espacio en blanco la vocal que falta.

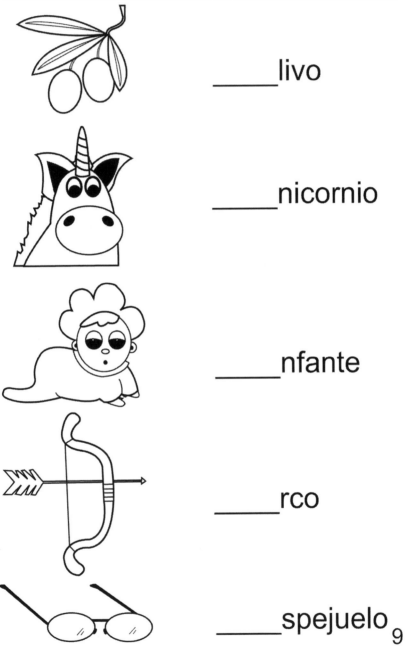

____livo

____nicornio

____nfante

____rco

____spejuelo

9

Escribe en el espacio en blanco la vocal que falta.

conej___

tr___n

p___lpo

v___ca

p___zza

10

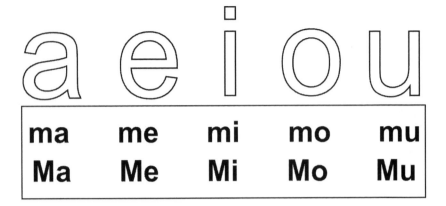

ma	me	mi	mo	mu
Ma	Me	Mi	Mo	Mu

1) **Mi / ma má / me / mi ma / mu** cho.

2) A / **mí / me** / a **ma / mi / ma má**.

3) A **mo** / a / **mi** / pe rri ta / **Mía**.

4) **Mía / me** / a **ma**.

5) **Mi / ma mi** / a **ma** / a / **Mía**.

6) **Mía / mi ma** / a / **mi** / **ma má**.

7) El / **mo** no / ha ce /
   mo na das.

Vocabulario de práctica:

maíz, mano, mariposa, más, mesa,
miel, mozo, mochila, muela, muñeca.

11

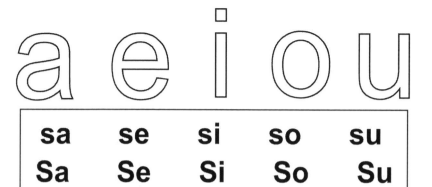

sa	se	si	so	su
Sa	Se	Si	So	Su

1) Mía / es tá / en / **su** / me **sa**.

2) E **sa** / es / **Sa** ra.

3) E **sa** / o **sa** / es / **Su si**.

4) E **sa** / **si** lla / es / de / Ro **sa**.

5) Li **sa** / **se** / me **ce** / en / e **sa** / **si** lla.

6) E **se** / es / **Sa** muel.

7) **Si** la / **se** / a **so** mó.

Vocabulario de práctica:

casa, sal, sandía, sapo, sirena, semáforo, sofá, sol, sombrero, sopa.

12

la	le	li	lo	lu
La	Le	Li	Lo	Lu

1) E sa / es / **La la**.

2) **La la** / es / **li**n da.

3) **La** / **li** mo na da / es / de / **Lei la**.

4) **Lu** cas / sa **le** / so **lo** / al / pa tio.

5) **Lo la** / u sa / **le**n tes.

6) A / **Li** dia / **le** / gus ta / **la** / sa **la**.

7) A / Ma má / **le** / gus ta / **la** / **lu** na.

Vocabulario de práctica:

lápiz, leche, león, libro, limón, lobo, loro, lupa, luz, paloma.

a e i o u

ba	be	bi	bo	bu
Ba	Be	Bi	Bo	Bu

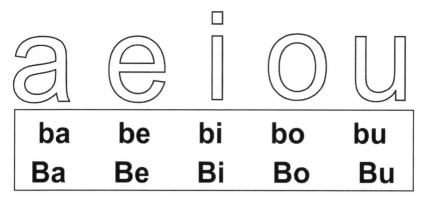

1) **Be bo** / **be** só / a / mi / ma má.

2) **Be**r ta / es / **bo** ni ta.

3) El / **be bé** / **be** só / a / Ma má.

4) **Be** so / a / mi / ma má.

5) El / lo **bo** / su **be** / **bi**en / al to.

6) **Be** to / **ba** jó / del / **ba**r co.

7) **Bo** ni fa cio / **bu**s ca / la / **bo** la.

Vocabulario de práctica:

baile, ballena, bicicleta, bobo, boda, borra, bota, búho, labios, nube.

14

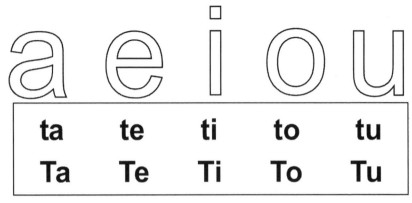

ta	te	ti	to	tu
Ta	Te	Ti	To	Tu

1) **Ta ta** / **to** ma / **té**.

2) Mi / **tí** o / es / **To** más.

3) Es **te** / ba **te** / es / de / **Ti to**.

4) **Tú** / me / dis **te** / so pa.

5) El / be bé / **to** có / los / **to** ma **te**s.

6) **Ta** nia / **to** mó / mi / bo **ta**.

7) La / la **ta** / es **tá** / en / lo / al **to**.

Vocabulario de práctica:

auto, puente, tarta, tenedor, tesoro, tijera, tinte, toro, tortuga, torre.

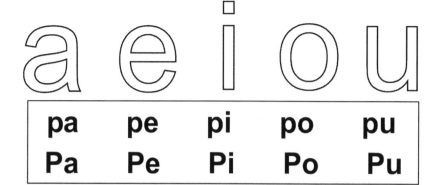

pa	pe	pi	po	pu
Pa	Pe	Pi	Po	Pu

1) **Pa pá** / to mó / la / **pe** lo ta.

2) **Pa**u la / me / **pei** na / el / **pe** lo.

3) El / **pe**z / **pa** só / **po**r / a llí.

4) **Pá** sa me / e sa / **pe** ra.

5) **Pá** sa le / el / **pa** lo / a / **Pe pe**.

6) El / **pa**n / es / de / **Pa pá**.

7) **Pe** dro / **pa**r tió / ha cia / **Pa** rís.

Vocabulario de práctica:

mapa, pala, papel, paseo, peine, pie, piso, poema, puma, sapo.

16

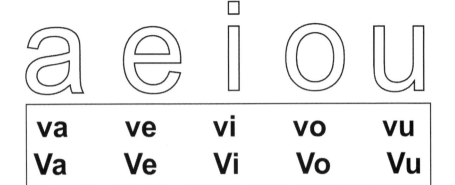

va **ve** **vi** **vo** **vu**
Va **Ve** **Vi** **Vo** **Vu**

1) **Vi vi**a na / la **vó** / la / **ve**n ta na.

2) La **vo** / mi / **va** so / lue go.

3) **Vi**l ma / to ca / el / **vi**o lín.

4) **Ve** te / a / **ve**r / la / te le **vi** sión.

5) La / **vi** si ta / **vi** no / a yer.

6) **Ví**c tor / **vi**o / el / **vi** deo.

7) La / **vi vi** en da / es tá / **va** cía.

Vocabulario de práctica:
nave, pavo, vaca, vecino, vela,
verde, vestido, vida, violín, vocal.

17

cha	che	chi	cho	chu
Cha	Che	Chi	Cho	Chu

1) **Che** lo / to ma / mu **cha** / le **che**.

2) Pi no **cho** / tie ne / un / **cha** le co.

3) El / mu **cha cho** / tie ne / o **cho** / a ños.

4) Mon **cho** / siem bra / le **chu** ga.

5) La / **chi** va / co rre / mu **cho**.

6) La / **chi** ca / co mió / **cho** co la te.

7) El / **chi** vo / pa re ce / un / pe lu **che**.

Vocabulario de práctica:

estuche, charca, charla, chino, chistoso, brocha, coche, cuchara, mochila, techo.

18

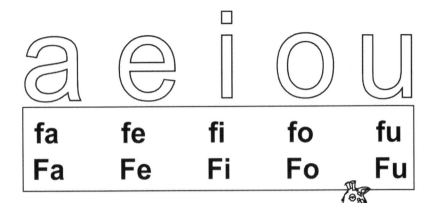

fa	fe	fi	fo	fu
Fa	Fe	Fi	Fo	Fu

1) E sa / ji ra **fa** / tie ne / **fa** ma.

2) E sa / **fo** to / es / de / **Fa** bio la.

3) **Fu**i mos / al / **fa** mo so / **fe** rry.

4) La / **fe** cha / del / **fe**s ti val /
   fue / el / do ce.

5) El / **fu**e go / **fu**e / **fu** gaz.

6) El / so **fá** / de / So **fí** a / es / nue vo.

7) La / **fo** ca / **fa** mo sa / es / au daz.

Vocabulario de práctica:

alfombra, familia, faro, feliz, fiesta, firma, forma, foto, fuente, fútbol.

na	ne	ni	no	nu
Na	Ne	Ni	No	Nu

1) El / **ne ne** / vio / la / lu **na**.

2) La / **na** ve / vo ló / por / las / **nu** bes.

3) El / **ni** ño / to mó / u **na** / **na** ran ja.

4) La / **nin** fa / vi ve / al / **no**r te.

5) **Na** ta lia / es / la / **nue** va / **na na**.

6) La / **ne na** / es / bo **ni** ta.

7) **Nin** gu no / fue / a / **na** dar.

Vocabulario de práctica:

camino, nido, noche, nota, novia, nube, nudo, piano, pino, rana.

20

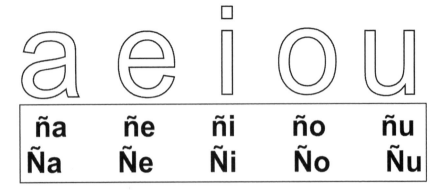

ña	ñe	ñi	ño	ñu
Ña	Ñe	Ñi	Ño	Ñu

1) La / ni **ña** / tie ne / sue **ño**.

2) I ré / ma **ña** na / a / la / mon ta **ña**.

3) To **ña** / se / hi zo / un / mo **ño**.

4) La / mu **ñe** ca / es / pe que **ña**.

5) El / pe que **ño** / tie ne / u na / pi **ña** ta.

6) En / la / ca ba **ña** / hay / le **ña**.

7) El / due **ño** / se / co mió / la / pi **ña**.

Vocabulario de práctica:

albañil, araña, bañera, cabaña, cumpleaños, montaña, niñera, otoño, pañuelo, sueño.

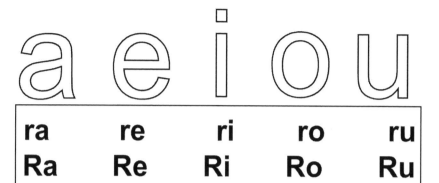

ra	re	ri	ro	ru
Ra	Re	Ri	Ro	Ru

1) La / **ra** na / va / al / **rí** o.

2) La / puer ta / ce **rró** / **rá** pi do.

3) Las / **ro** sas / **ro** sa das / de / **Ri** ta.

4) To ca **ré** / la / gui ta **rra** / el / mar tes.

5) La / co **ro** na / de / la / **rei** na / **Ro** cí o.

6) El / pe **rro** / co **rri**ó / al / ca **rro**.

7) **Ra** mo na / com p**ró** / pe **ra**s.

Vocabulario de práctica:

radio, raíz, ratón, recreo, regalo, regla, reloj, risa, rueda, tesoro.

da	de	di	do	du
Da	De	Di	Do	Du

1) **De** lia / **di**o / li mo na **da** / **du**l ce.

2) **Da** me / **do** ce / **di**a man tes.

3) **Da** niel / me / **di**o / **do**s / **da do**s.

4) El / **do**c tor / pi **di**ó / u na / po ma **da**.

Vocabulario de práctica:

dama, dedo, delfín, diente, diez, dinosaurio, dona, ducha, duda, grande.

ha	he	hi	ho	hu
Ha	He	Hi	Ho	Hu

1) La / **ho**r ta li za / es tá / **he**r mo sa.

2) Mi / **he**r ma no / **ha** / i do / al / **ho** tel.

3) El / **he** rre ro / tra ba ja / con / **hie** rro.

4) **Ha**y / za na **ho** rias / en / el / **hue**r to.

Vocabulario de práctica:

habichuela, hacha, helado, herradura, hilo, hombro, huella, hueso, huevo, humo.

23

ga	gue	gui	go	gu
Ga	Gue	Gui	Go	Gu

1) Al / **ga** to / le / **gu**s ta / ju **ga**r.

2) **Ga** ry / es tá / **gui**an do.

3) Las / **go** tas / sa len / de / la / man **gue** ra.

4) El / **go** ri la / es / a mi **go** / del / **go** rrión.

Vocabulario de práctica:

agua, águila, galleta, goma, guiar, guitarra,

jugo, lago, regar, tortuga.

ge	gi	El sonido de la **g** con la **e** y la **i** es
Ge	Gi	como el de la **j**.

1) El / **ge** nio / tie ne / ma **gi**a.

2) La / **gi** ta na / tie ne / u na / **ge** ma.

3) Los / **ge** me los / co mie ron / **ge** la ti na.

4) **Ge** na ro / es / **ge** ren te / **ge** ne ral.

Vocabulario de práctica:

Ángel, colegio, dirige, gente, germen,

gigante, gimnasia, girasol, giro, vigilante.

24

ca	que	qui	co	cu
Ca	Que	Qui	Co	Cu

1) El / **ca** ba llo / **co** rre / la / **ca** rre ra.

2) **Qui** sie ra / **co**m prar / **ca** la ba zas.

3) **Ca**r men / es tá / en / **ca** sa.

4) A **quí** / es tá / el / **co** ne jo.

Vocabulario de práctica:

bosque, camisa, carretera, capa, copa, cuarto, cuento, cuña, máquina, queso.

ja	je	ji	jo	ju
Ja	Je	Ji	Jo	Ju

1) La / **ji** ra fa / es tá / **ju**n to / al / **ja** ba lí.

2) Las / a be **ja**s / se / a le **ja**n.

3) **Je** re mías / u só / la / ti **je** ra.

4) El / **jue** ves / **jue** go / a **je** drez.

Vocabulario de práctica:

ceja, dibujo, jarra, jaula, jefe, mujer, ojo, oreja, pájaro, rojo.

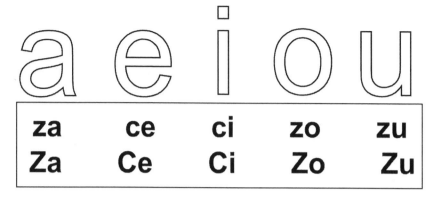

za	ce	ci	zo	zu
Za	Ce	Ci	Zo	Zu

1) La / **za** na ho ria / es / de / **Za**i da.

2) El / **ci**e lo / es / a **zu**l.

3) **Ce ci** lia / **ce** rró / el / **zo** o ló gi co.

4) **Za** fi ra / u sa / la /
pi **za** rra.

5) La / ce re **za** / es tá /
dul **ce**.

6) El / bu **zo** / es tá / en / el / o **cé** a no.

7) El / **za** pa te ro / a rre gló / mis /
za pa tos.

Vocabulario de práctica:

azúcar, cena, cera, cierto, cita, cereal, taza,
tiza, zona, zurdo.

26

ya	ye	yi	yo	yu
Ya	Ye	Yi	Yo	Yu

1) El / pa **ya** so / se / ca **yó**.

2) El / co **yo** te / hu **yó** / rá pi do.

3) A **yu** do / a po **ya**n do / a / Ma má.

4) **Yo** ly / me / lle va / el / de sa **yu** no.

Vocabulario de práctica:

joyas, mayor, playa, rayo, tuyo, yate, yema, yodo, yoyo, yunque.

lla	lle	lli	llo	llu
Lla	Lle	Lli	Llo	Llu

La ga**ll**ina está con los po**ll**itos. Estos se fueron a la ca**lle** junto al caba**llo** en un día **llu**vioso. Luego, cuando **lle**garon, estaban **lle**nos de alegría.

Vocabulario de práctica:

botella, castillo, cuchillo, cuello, galleta, llano, llevar, llave, silla, toalla.

ka	ke	ki	ko	ku
Ka	Ke	Ki	Ko	Ku

Kevin tiene un **kio**s**ko** en **Ka**nsas, donde vende **ki**wi y otras frutas. **Ka**tiria y **Kiko** ayudan a los clientes a pesar los productos en **ki**los.

Vocabulario de práctica:

Dakota, karaoke, karate, Kati, kayak, ketchup, kimono, kinder, koala, kung-fu.

xa	xe	xi	xo	xu
Xa	Xe	Xi	Xo	Xu

Max e**xa**minó el extintor hoy. **Xa**vier llegó tarde al bo**xe**o, ya que el ta**xi** no vino. Ambos son de Mé**xi**co y saben tocar sa**xo**fón.

Vocabulario de práctica:

auxilio, exacto, exagerado, exaltar, examen, existir, éxito, éxodo, máximo, xilófono.

wa	we	wi	wo	wu
Wa	We	Wi	Wo	Wu

Wanda quiere visitar Ha**wa**ii. Su hermana A**wi**lda va para Tai**wá**n. Mientras, **Wi**lliam y Ed**wi**n están navegando en la **we**b.

Vocabulario de práctica:
Dar**wi**n, ha**wa**iano, **Ku**wait, sánd**wi**ch tai**wa**nés, **Wa**ldo, **Wa**nda, **Wa**shington, **Wi**-Fi.

bla	ble	bli	blo	blu
Bla	Ble	Bli	Blo	Blu

Bianca do**bló** su **blu**sa **bla**nca y Pa**blo** colocó el ca**ble** de la antena por detrás del mue**ble**. Más tarde, ambos ha**bla**ron sobre ir al pue**blo** para hacer unas compras.

Vocabulario de práctica:

biblioteca, blanco, bloque, blusa, emblema, hablar, invisible, neblina, público, tablado.   29

bra	bre	bri	bro	bru
Bra	Bre	Bri	Bro	Bru

Braulio se rompió el **bra**zo y un hom**bro**. Se puso un a**bri**go, un som**bre**ro y tomó una som**bri**lla para ir al hospital.

Vocabulario de práctica:

abrazo, abreviar, abrir, brinca, brújula, bruma, cebra, hambre, libre, sobre.

pra	pre	pri	pro	pru
Pra	Pre	Pri	Pro	Pru

La **pro**fesora **Pri**scila me dio la **pru**eba **pri**mero. Si me doy **pri**sa, podría llegar más tem**pra**no a los **pre**mios.

Vocabulario de práctica:

apretado, compra, pradera, precio, preciosa, pregunta, prendas, primero, primo, princesa.

pla	ple	pli	plo	plu
Pla	Ple	Pli	Plo	Plu

Pluto cump**li**ó años ayer. Fuimos a la **pla**ya a celebrar y comimos **plá**tanos muy ricos, rep**le**tos de pollo. Al final del día, observamos el **pla**neta **Plu**tón, a través del telescopio de **Pl**inio.

Vocabulario de práctica:

aeroplano, completo, plancha, plano, planta, plata, plomo, plumero, multiplicar, templo.

fra	fre	fri	fro	fru
Fra	Fre	Fri	Fro	Fru

Franco caminó hacia la **fro**ntera. Se detuvo a re**fre**scarse con unas **fre**sas y un re**fre**sco. Debajo de un árbol **fro**ndoso dis**fru**tó su descanso.

Vocabulario de Práctica:

cofre, Francisco, frase, fregadero, freno, frente, fresca, frijol, frito, fruta.

31

fla	fle	fli	flo	flu
Fla	Fle	Fli	Flo	Flu

Flora hizo un **fla**n de frutas. Tocó la **fla**uta y bailó un **fla**menco. Luego, puso las **flo**res en el **flo**rero e in**fló** los globos.

Vocabulario de práctica:

coliflor, conflicto, flaco, flecha, flojo, flotar, fluorescente, pantuflas, reflejo.

cla	cle	cli	clo	clu
Cla	Cle	Cli	Clo	Clu

El cielo está **cla**ro. **Cle**o corre su bici**cle**ta, mientras **Cla**ribel toca el **cla**rinete en la **cla**ve de sol.

Vocabulario de práctica:

ancla, chancla, chicle, clase, claveles, clavo, clínica, clip, inclinar, triciclo.

cra	cre	cri	cro	cru
Cra	Cre	Cri	Cro	Cru

Cristóbal es el **cre**ador de un cuento in**cre**íble. Él es**cri**be sobre un personaje que descubre todos los **cri**stales se**cre**tos. **Cri**stina lee la obra y le da su **crí**tica.

Vocabulario de práctica:

concreto, cráneo, cráter, creación, crema, cremallera, cresta, crucero, cruz, micrófono.

dra	dre	dri	dro	dru
Dra	Dre	Dri	Dro	Dru

Aleja**ndra** se durmió de ma**dru**gada. El perro la**dró** fuerte en la noche. Mi ma**dre** me esperó en el almen**dro**. El niño tomó una pie**dra** y la lanzó a la cua**dra**.

Vocabulario de práctica:

almendra, cocodrilo, cuadro, dragón, drama, golondrina, ladrar, ladrillo, madrugada, padre.

33

gra	gre	gri	gro	gru
Gra	Gre	Gri	Gro	Gru

Graciela es bien **gra**ciosa. Le doy las **gra**cias por estar en nuestro **gru**po. Sin su ale**grí**a, nuestro día fuera **gri**s. Como **gra**titud, nos tomaremos una foto**gra**fía.

Vocabulario de práctica:

bolígrafo, cangrejo, engranaje, granja, grano, grillo, grito, negro, tigre, vinagre.

gla	gle	gli	glo	glu
Gla	Gle	Gli	Glo	Glu

Gloria va al supermercado con **Gla**dys a comprar algunos **glo**bos. Pero si se explotan, **Gle**nn los arre**gla**.

Vocabulario de práctica:

glacial, gladiador, global, glucosa, iglesia, iglú, Inglaterra, inglés, mangle, siglo.

34

tra	tre	tri	tro	tru
Tra	Tre	Tri	Tro	Tru

Trina **tra**bajó en la estación del **tre**n.**Tra**nsfería todo tipo de **tra**mitación en su oficina. Luego, salió a las cua**tro** hacia las montañas a entrenar en su **tri**neo.

Vocabulario de práctica:

avestruz, estrella, rastrillo, trabajar, traje, trébol, tres, trigo, trofeo, tronco.

Alfabeto

Aa Bb Cc Chch Dd

Ee Ff Gg Hh Ii

Jj Kk Ll Ll ll Mm

Nn Ññ Oo Pp Qq

Rr Ss Tt Uu Vv

Ww Xx Yy Zz

Mis primeras palabras en inglés

Inglés / Español		Inglés / Español	
mother	mamá	house	casa
father	papá	room	habitación
sister	hermana	window	ventana
brother	hermano	door	puerta
uncle	tío	car	auto
aunt	tía	cloth	ropa
friend	amigo(a)	school	escuela
baby	bebé	toy	juguete
teacher	maestra(o)	food	comida

Formas

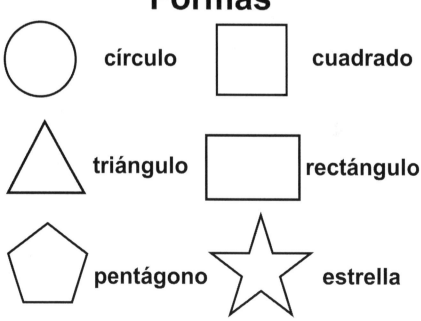

círculo

cuadrado

triángulo

rectángulo

pentágono

estrella

36

Colores

 La manzana es roja.

 El sol es amarillo.

 Las hojas son verdes.

 El lago es azul.

 Las nubes son blancas.

 La noche es negra.

 La papa es marrón.

Números

1 2 3 4 5 6 7 8 9 10
11 12 13 14 15 16 17
18 19 20 21 22 23 24
25 26 27 28 29 30 31 32
33 34 35 36 37 38 39 40
41 42 43 44 45 46 47 48
49 50 51 52 53 54 55 56
57 58 59 60 61 62 63 64
65 66 67 68 69 70 71 72
73 74 75 76 77 78 79 80
81 82 83 84 85 86 87 88
89 90 91 92 93 94 95 96
97 98 99 100

Reloj

La una

Las dos

Las tres

Las cuatro

Las cinco

Las seis

Las siete

Las ocho

Las nueve

Las diez

Las once

Las doce

39

Tablas de multiplicar

1 x 1 = 1	2 x 1 = 2	3 x 1 = 3	4 x 1 = 4
1 x 2 = 2	2 x 2 = 4	3 x 2 = 6	4 x 2 = 8
1 x 3 = 3	2 x 3 = 6	3 x 3 = 9	4 x 3 = 12
1 x 4 = 4	2 x 4 = 8	3 x 4 = 12	4 x 4 = 16
1 x 5 = 5	2 x 5 = 10	3 x 5 = 15	4 x 5 = 20
1 x 6 = 6	2 x 6 = 12	3 x 6 = 18	4 x 6 = 24
1 x 7 = 7	2 x 7 = 14	3 x 7 = 21	4 x 7 = 28
1 x 8 = 8	2 x 8 = 16	3 x 8 = 24	4 x 8 = 32
1 x 9 = 9	2 x 9 = 18	3 x 9 = 27	4 x 9 = 36
1 x 10 = 10	2 x 10 = 20	3 x 10 = 30	4 x 10 = 40

5 x 1 = 5	6 x 1 = 6	7 x 1 = 7	8 x 1 = 8
5 x 2 = 10	6 x 2 = 12	7 x 2 = 14	8 x 2 = 16
5 x 3 = 15	6 x 3 = 18	7 x 3 = 21	8 x 3 = 24
5 x 4 = 20	6 x 4 = 24	7 x 4 = 28	8 x 4 = 32
5 x 5 = 25	6 x 5 = 30	7 x 5 = 35	8 x 5 = 40
5 x 6 = 30	6 x 6 = 36	7 x 6 = 42	8 x 6 = 48
5 x 7 = 35	6 x 7 = 42	7 x 7 = 49	8 x 7 = 56
5 x 8 = 40	6 x 8 = 48	7 x 8 = 56	8 x 8 = 64
5 x 9 = 45	6 x 9 = 54	7 x 9 = 63	8 x 9 = 72
5 x 10 = 50	6 x 10 = 60	7 x 10 = 70	8 x 10 = 80

9 x 1 = 9	10 x 1 = 10
9 x 2 = 18	10 x 2 = 20
9 x 3 = 27	10 x 3 = 30
9 x 4 = 36	10 x 4 = 40
9 x 5 = 45	10 x 5 = 50
9 x 6 = 54	10 x 6 = 60
9 x 7 = 63	10 x 7 = 70
9 x 8 = 72	10 x 8 = 80
9 x 9 = 81	10 x 9 = 90
9 x 10 = 90	10 x 10 = 100

El cuerpo

cabello
cabeza
frente
ceja
párpado
ojo
mejilla
oreja
labios y boca
nariz
barbilla
cuello
hombro
pecho
brazo
barriga
mano
muñeca
rodilla
pierna
pie

La mano y los dedos

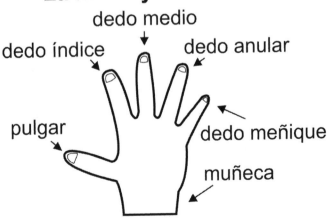

dedo medio
dedo índice
dedo anular
pulgar
dedo meñique
muñeca

Colorea

Colorea

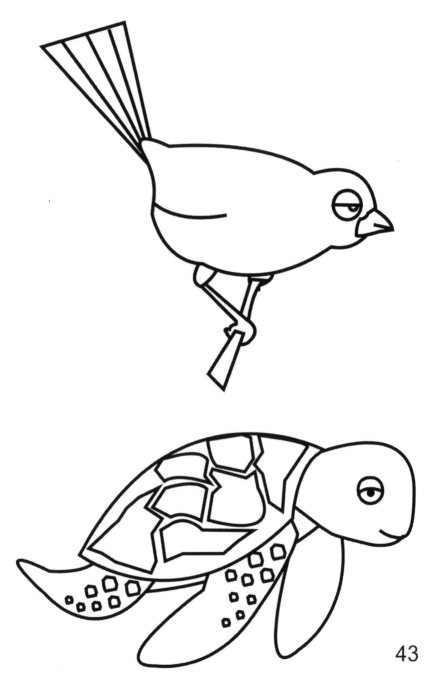

Colorea

Circula, marca o colorea el dibujo diferente en cada grupo.

Circula, marca o colorea el dibujo diferente en cada grupo.

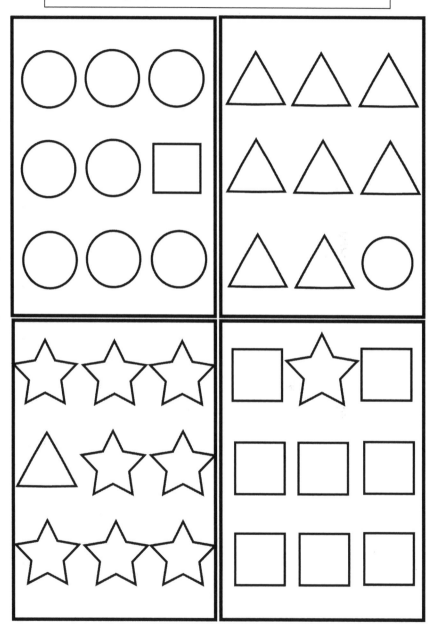

Circula, marca o colorea el dibujo diferente en cada grupo.

Traza una línea y completa el abecedario, para encontrar al animal secreto y luego coloréalo.

Traza una línea y completa el abecedario, para encontrar al animal secreto y luego coloréalo.

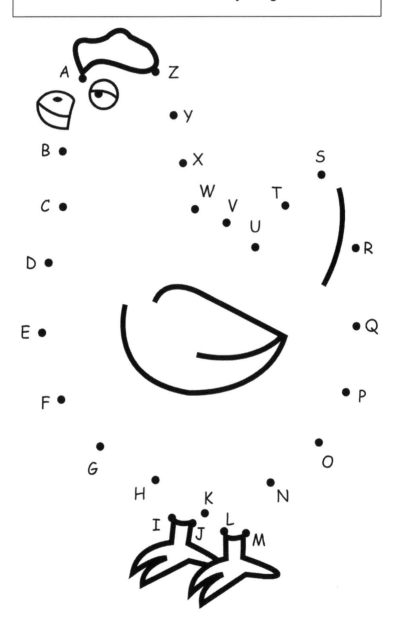

Traza una línea y completa el abecedario, para encontrar al animal secreto y luego coloréalo.

Made in the USA
Middletown, DE
11 January 2020